Vente du Samedi 12 Février 1876

HÔTEL DROUOT, SALLE N° 9

A TROIS HEURES ET DEMIE

TERRES CUITES

UNIES ET POLYCHROMES

PAR

Jacques MAILLET

EXPOSITION PUBLIQUE

Le Vendredi 11 Février 1876, de une heure à cinq heures.

M° QUÉVREMONT
COMMIS^{re}-PRISEUR
rue Richer, n° 46

M. GEORGES MEUSNIER
EXPERT
rue Neuve-St-Augustin, 27

PARIS — 1876

Ve RENOU, MAULDE et COCK

IMPRIMEURS DE LA COMPAGNIE DES COMMISSAIRES-PRISEURS

Rue de Rivoli, 144

CATALOGUE

DE

TERRES CUITES

UNIES ET POLYCHROMES

PAR

Jacques MAILLET

DONT LA VENTE AURA LIEU

HOTEL DROUOT

SALLE N° 9

Le Samedi 12 Février 1876

A TROIS HEURES ET DEMIE

Par le ministère de Me **QUÉVREMONT**, Commissaire-Priseur,
rue Richer, 46,
Assisté de **M. GEORGES MEUSNIER**, Expert, rue Nve-St-Augustin, 27.

EXPOSITION PUBLIQUE

Le Vendredi 11 Février 1876, dé une heure à cinq heures.

—

PARIS — 1876

CONDITIONS DE LA VENTE

———

Elle aura lieu expressément au comptant.

Les Adjudicataires paieront CINQ CENTIMES PAR FRANC, en sus des enchères, applicables aux frais de vente.

DÉSIGNATION

DES

TERRES CUITES

UNIES ET POLYCHROMES

PAR

Jacques MAILLET

1 — Léda (terre unie). Haut. 0^{m}80.

2 — Suzanne au bain (polychrome). Haut. 0^{m}80.

3 — Le Gardien fidèle (terre unie). Grandeur naturelle.

4 — La Réprimande (terre unie).

5 — La Réprimande (Petit modèle).

6 — L'Innocence. Buste polychrome.

7 — Le Plaisir. Buste uni. Pendant du précédent.

8 — Agrippine (terre unie). Réduction de la figure du
Musée du Luxembourg.

9 — La Leçon d'écriture (polychrome).

10 — La Paix (terre unie).

11 — La Guerre (terre unie). Pendant du précédent.

12 — Le Marchand d'Amour (terre unie).

13 — Le Mendiant d'Amour (terre unie). Pendant du précédent.

14 — La Récréation. Groupe polychrome.

15 — Les Jeux maternels. Haut. 0^{m}60.

16 — Le Secret d'Amour. Haut. 0^{m}40.

17 — La Toilette de Vénus (Bas-relief).

18 — La Jeunesse de Bacchus (Bas-relief).

19 — Le Rhyton (Groupe).

20 — Le Tambour de basque (Groupe).

21 — Jeune Romain (Buste).

22 — La Leçon de danse.

23 — Syracusaine (terre unie).

24 — Corinthienne (terre unie). Pendant de la précédente.

25 à 28 — Les quatre Évangélistes (Esquisses).

29 — Minerve (terre unie).

30 — Innocence (Buste).

31 — Le Génie de la danse, par Carpeaux.

Vᵉˢ Renou, Maulde et Cock, imprˢ de la Compagnie des Commissaires-Priseurs,
rue de Rivoli, 144.   62042

www.ingramcontent.com/pod-product-compliance
Lightning Source LLC
Chambersburg PA
CBHW070719160726
47998CB00025BA/1439